Harald von Witzke

Die dritte Grüne Revolution

Durch die heranziehende globale Hungerkrise wird Landwirtschaft die Schlüsselindustrie des 21. Jahrhunderts

1. Auflage, März 2010

Herausgeber: Humboldt Forum for Food and Agriculture
c/o Dr. Harald von Witzke
Professor für Internationalen Agrarhandel und Entwicklung
Department für Agrarökonomie
Humboldt Universität zu Berlin
Hannoversche Straße 27, Haus 12
10099 Berlin
www.agrar.hu-berlin.de/wisola/fg/ihe
www.humboldtforum.org

Autor: Dr. Harald von Witzke
Redaktion: Dirk Maxeiner und Michael Miersch

Grafik & Layout: Brigitte Tschöcke, Augsburg
Fotos: Tim Maxeiner, außer Seite 20: Brigitte Tschöcke
Druck: Köppl & Schönfelder, Stadtbergen

Ölbaum Verlag - *Reihe Wissen*
www.oelbaum-verlag.de
ISBN 3-927217-66-2

Foto: privat

Harald von Witzke ist Vorsitzender des »Humboldt Forum for Food and Agriculture«. Der Agrarökonom ist Professor und Fachgebietsleiter für Internationalen Agrarhandel und Entwicklung im Department für Agrarökonomie der Humboldt Universität zu Berlin. Zuvor lehrte er an der University of Minnesota und der Universität Göttingen. Er berät die deutsche Bundesregierung und die Ernährungs- und Landwirtschaftorganisation der Vereinten Nationen (FAO) in Fragen der Welternährung. Seine Arbeitsschwerpunkte sind Internationaler Agrarhandel, Wirtschaftsentwicklung, Sicherung der Welternährung, Verteilungseffekte der Globalisierung, Klimawandel und Weltlandwirtschaft.

Die dritte Grüne Revolution

Durch die heranziehende globale Hungerkrise wird Landwirtschaft die Schlüsselindustrie des 21. Jahrhunderts

Von Harald von Witzke

Die Zukunft wird ein Teufelskreis aus Hungertod und ungezügeltem Bevölkerungswachstum. Die Menschheit wächst, bis die Nahrung nicht mehr für alle reicht. Dann verhungert ein Teil, andere bringen sich im Kampf ums Ackerland gegenseitig um. Danach ist für eine Weile wieder genug für alle da, die Zahl der Menschen nimmt erneut zu – und immer so weiter. Diese düstere Theorie stammt aus dem England des späten 18. und frühen 19. Jahrhunderts. Sie entstand nicht zufällig in jener Zeit: Damals stiegen die Preise für Agrargüter stark an. Die Ökonomen Thomas Robert Malthus und David Ricardo schlossen daraus, dass sich künftig Hungerkrisen und Überbevölkerung abwechseln werden – niemals würden es die Bauern schaffen, so schnell so viel mehr zu produzieren, wie die Zahl der hungrigen Kinder zunimmt.

RICE
२४/-
बासमती
कणी

Malthus und Ricardo wurden durch Mineraldünger, Agrartechnik und Züchtungsfortschritt widerlegt. Es war der Erfolg einer ersten Grünen Revolution, die durch Arbeiten der Begründer der Agrarwissenschaften wie Albrecht Daniel Thaer, Berlin, oder Justus von Liebig, Gießen, ausgelöst wurde, dass die pessimistischen Prognosen nicht Wirklichkeit geworden sind. Im Gegenteil: Mehr als ein Jahrhundert lang wurden Lebensmittel immer billiger. Von etwa 1870 bis zum Jahr 2000 sorgte die Agrarwissenschaft für Fortschritte in schneller Folge. In dieser Epoche konnte die Landwirtschaft immer mehr Nahrung in immer besserer Qualität für immer mehr Menschen zu immer geringeren Preisen erzeugen. Nutznießer waren die Verbraucher mehr noch als die Bauern. Sinkende Preise verminderten fortwährend die Gewinne, die die Landwirte durch höhere Produktion erzielten. Deshalb nennt man diese globale Produktionsschlacht auch »Landwirtschaftliche Tretmühle«.

Thomas Malthus wurde durch den Agrarfortschritt widerlegt. Mehr als einhundert Jahre lang sanken die Lebensmittelpreise

Motor dieser Entwicklung waren Investitionen in die Agrarforschung, die beispiellose Fortschritte ermöglichte. In den 60er- und 70er-Jahren des 20. Jahrhunderts führten die wissenschaftlichen Arbeiten von Norman Borlaug und die Verfügbarkeit relativ preiswerten Stickstoffdüngers zu einer sprunghaften Produktivitätssteigerung, die bis heute unter dem Namen »Grüne Revolution« bekannt ist. Doch eigentlich war es bereits die zweite Grüne Revolution, blickt man zurück auf die Effizienzsteigerungen, die Mitte des 19. Jahrhunderts – der Zeit Liebigs und Thaers – in Ackerbau und Viehzucht erreicht wurden.

Das Ende der landwirtschaftlichen Tretmühle

Der Megatrend sinkender Nahrungspreise ist Geschichte. Die Jahrtausendwende markierte einen umgekehrten Trend auf den Weltagrarmärkten: Seit dem Jahr 2000 sind die Marktpreise für Agrarprodukte tendenziell gestiegen. Und diese Entwicklung wird sich in den kommenden Jahrzehnten fortsetzen. Wie in der Vergangenheit, wird es aber auch weiterhin ausgeprägte Preisschwankungen um den längerfristigen Trend geben.

Alles spricht dafür, dass die Nahrungspreise in den kommenden Jahrzehnten weiter steigen, weil die weltweite Nachfrage nach Agrargütern schneller wächst, als das Angebot gesteigert werden kann. In der ersten Hälfte des 21. Jahrhunderts wird sich der Nahrungsbedarf der Menschheit verdoppeln: Die

Weltbevölkerung wächst weiterhin rasant, und der Pro-Kopf-Verbrauch in den Entwicklungs- und Schwellenländern steigt. In China, Indien, Brasilien und anderen aufstrebenden Nationen essen die Menschen immer mehr hochwertige tierische Produkte. Um diese erzeugen zu können, müssen große Mengen Futtermittel produziert werden, was die Situation zusätzlich verschärft.

Eine weitere Steigerung der Ernten stößt aus mehreren Gründen an ihre Grenzen. Im Prinzip könnte man die Produktion auf zwei Wegen erhöhen: Entweder durch die Ausdehnung von Äckern, Plantagen und Weiden auf Naturgebiete oder

durch mehr Ertrag auf den vorhandenen Nutzflächen. Die erste Option steht nur eingeschränkt zur Verfügung, da geeignete Flächen für die Nahrungsproduktion weltweit begrenzt sind. Die produktivsten Böden werden bereits landwirtschaftlich genutzt. In vielen Teilen der Welt gibt es keine nennenswerten geeigneten Bodenreserven. Wo es solche Reserven noch gibt, wie zum Beispiel in den tropischen Regenwäldern oder den afrikanischen Savannen, da sollten diese Naturgebiete aus Umwelt-, Klima- und Artenschutzgründen erhalten bleiben. Um den rasch wachsenden Bedarf der Menschheit an Nahrungsgütern zu befriedigen, muss in erster Linie eine Intensivierung der Nahrungsproduktion auf denjenigen Flächen erfolgen, die bereits heute kultiviert sind.

Der rasante Anstieg des Nahrungsangebots der letzten 50 Jahre wurde zu 80 Prozent durch Produktivitätssteigerungen in den vorhandenen Anbaugebieten erreicht. In den kommenden Jahrzehnten wird dieser Wert auf 90 Prozent ansteigen müssen, wenn der Hunger in der Welt besiegt und der Flächenverbrauch der Landwirtschaft begrenzt werden soll.

Ob sich eine solche Steigerung überhaupt realisieren lässt, ist derzeit noch gänzlich ungeklärt, denn seit mehreren Jahrzehnten gehen die jährlichen Produktivitätssteigerungen in der Weltlandwirtschaft kontinuierlich zurück: Von vier Prozent zwischen 1960 und 1989 auf nunmehr etwa ein Prozent.

Die traditionellen Züchtungsmethoden haben das Potenzial der Nutzpflanzen bereits sehr weit ausgeschöpft. Weiteres Produktivitätswachstum kann nur durch immer höhere Investitionen in die Agrarforschung und durch neue Züchtungsmethoden wie die Gentechnologie erreicht werden. Beides findet zur Zeit in Europa kaum statt. Das Gegenteil ist der Fall: Investitionen in traditionelle Forschung zur Steigerung der landwirtschaftlichen Produktivität sind seit Ende der 70er-Jahre deutlich zurückgegangen. Gentechnologie wird in Europa massiv behindert. Die Folgen dieser Stagnation sind den meisten Bürgern nicht bewusst. Angesichts der früheren Überschussproduktion entstand in den reichen Ländern der Eindruck, Agrarforschung sei nicht mehr so wichtig.

In der Vergangenheit ging der Anstieg der Agrarproduktion immer auch mit einer Steigerung des landwirtschaftlichen Wasserverbrauchs einher. In vielen Regionen der Erde herrscht jedoch Wasserknappheit. Die Bewässerung der Felder wird teurer, was das Produktivitätswachstum ebenfalls verlangsamt.

Die Investitionen in die Agrarforschung gehen seit über 30 Jahren zurück, vielfach werden Wissenschaftler sogar aktiv behindert

Überall dort, wo Energiepflanzen auf Flächen angebaut werden, die sich auch zur Nahrungsproduktion eignen, verschärft sich die Situation zusätzlich. Obendrein ist damit zu rechnen, dass der Klimawandel in manchen Gebieten die Erträge mindert. Einige Klimaforscher sagen voraus, dass gerade die ärmsten der armen Länder am stärksten geschädigt werden, da sie in agro-klimatischen Zonen liegen, in denen bei einer weiteren Erwärmung mit Dürren und anderen Extremereignissen zu rechnen ist. Dies sind meist Länder, die ohnehin kaum genügend Nahrung für ihre Bevölkerung produzieren und auch nicht ausreichend Devisenreserven besitzen, um in hinreichendem Umfang Nahrungsgüter auf dem Weltmarkt kaufen zu können. Was das Ganze noch schlimmer macht, ist die Tatsache, dass diese Länder meist nur über unzureichende Agrarforschungssysteme verfügen, so dass es für die Landwirte dort sehr schwierig ist, ihre Produktion an den Klimawandel anzupassen.

Ackerland pro Kopf der Weltbevölkerung

1950:	0,5 ha
2000:	0,3 ha
Prognose 2050:	0,2 ha

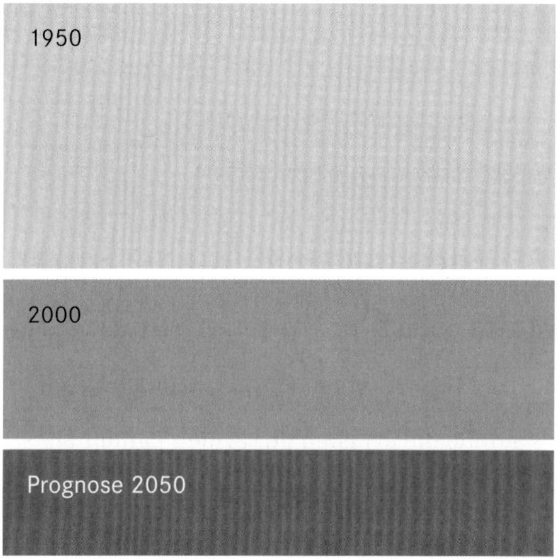

Quelle: United Nations Population Fund

Prognostizierte Entwicklung der realen Weltmarktpreise ausgewählter Agrarprodukte bis 2015/17 im Vergleich zu 2003/2005

Markt	2003/05 (US$/t)	2015/17 (US$/t)	2015/17 in % von 2003/05
Weizen	158	272	172
Mais	106	219	207
Anderes Getreide	91	137	151
Ölsaaten	288	492	171
Zucker	250	493	197

Quelle: H. von Witzke et al., Global Agricultural Market Trends Revisited: The Roles of Bioenergy Production and Energy Prices. Department of Agricultural Economics, Humboldt University of Berlin, 2009.

Darüber hinaus tragen steigende Energiepreise zu einer Verringerung des weltweiten Angebots an Nahrungsgütern bei. Zum einen verteuern sie die Produktion, zum anderen führen sie zu einer Verlagerung der Produktion weg von der Nahrung und hin zur Bioenergie.

Wenn nicht entschieden dagegen gesteuert wird, ist mit einer drastischen Erhöhung der internationalen Preise für Agrarprodukte und damit für Lebensmittel zu rechnen. Dies gilt insbesondere, wenn der Preis für Energie hoch bleibt oder noch weiter steigt. Die in der Tabelle dargestellten Preissteigerungen zwischen 50 Prozent und 100 Prozent würden zu einer dramatischen Zunahme des Hungers in der Welt führen. Die pessimistischen Prophezeiungen von Malthus und Ricardo könnten dann doch noch Wirklichkeit werden.

Im Jahr 2008 litten bereits mehr als eine Milliarde Menschen an Hunger. Dies sind Menschen, die über das Äquivalent der Kaufkraft von 1,25 US-Dollar oder weniger je Tag verfügen

und dadurch den weitaus größten Teil ihres Einkommens für Nahrungsgüter ausgeben müssen, um zu überleben. Anhaltend hohe Agrarpreise vergrößern sowohl die Anzahl der hungernden Menschen auf der Welt als auch das Ausmaß der individuellen Unterernährung.

Bereits 2008, als die Nahrungsgüterpreise zeitweise auf einem Höchststand waren, kam es in einigen Ländern zu Hungerrevolten. Ein weiterer Preisanstieg würde zu noch schärferen Konfrontationen führen und unter anderem Migrationsströme bisher unbekannten Ausmaßes auslösen – mit all den damit verbundenen Problemen sowohl für die von Immigration als auch von Emigration betroffenen Regionen.

Wenn die Energiepreise steigen – wovon die meisten Fachleute ausgehen –, dann werden auch die Nahrungsmittelpreise weltweit einen Höhenflug antreten und das Hungerproblem verschärfen

Was Malthus und Ricardo mit dem Klimawandel zu tun haben

Malthus und Ricardo haben die Auswirkungen steigender Nahrungspreise auf die Ernährung der Menschheit untersucht. Heute kommt noch ein anderes Problem hinzu: Steigende Nahrungspreise tragen auch erheblich zum Klimawandel bei. Die Landwirtschaft ist mit etwa 40 Prozent aller

Beschäftigten der bei weitem größte Wirtschaftsbereich der Welt. Wie kein anderer verändert sie die Oberfläche der Erde. Nahezu ein Drittel des menschlichen Beitrags zum Klimawandel wird von der Landwirtschaft verursacht. Ein erheblicher Teil davon geschieht durch Landnutzungsänderungen wie Brandrodung oder der Umwandlung von Weiden in Ackerland. Dadurch trägt der Agrarsektor mehr zum Klimawandel bei als die Industrie und die Transportwirtschaft.

Steigende Preise für Lebensmittel erhöhen den Anreiz für die Armen der Welt, die mehrheitlich auf dem Land leben, zusätzliche Ackerflächen zu erschließen, damit sie ihre Familien ernähren können. Mehr Produktivität in der Landwirtschaft ist daher nicht nur das wichtigste Werkzeug im Kampf gegen den Hunger, sondern auch zentral für die Begrenzung des Klimawandels. Höhere Produktivität entschärft darüber hinaus die Ressourcenkonkurrenz zwischen der Erzeugung von Nahrung und Bioenergie.

Mehr als eine Milliarde Menschen sind arm und mangelernährt. Die meisten (etwa 800.000) leben auf dem Land, viele davon sind selbst Bauern und bestreiten ihren Lebensunterhalt durch die Landwirtschaft. Meist sind es Kleinbauern, deren Ernten nicht einmal für die Versorgung der eigenen Familie ausreichen, geschweige denn einen Überschuss für den Markt erzeugen. Diesen Menschen und der Verbesserung ihrer Produktionsmethoden kommt eine zentrale Rolle im Kampf gegen den Hunger zu. Ein Produktivitätswachstum unter den Kleinbauern verbessert nicht nur die Ernährungslage der Landbevölkerung, es trägt auch zu höheren Löhnen und mehr Wohlstand in den ländlichen Regionen bei und schafft dort neue Arbeitsplätze. Dadurch wird der Landflucht entgegengewirkt, die in vielen Entwicklungsländern stattfindet.

Die Erfahrungen mit der zweiten Grünen Revolution belegen diese Effekte in überzeugender Weise. Dort, wo seinerzeit die neuen und ertragreichen Getreidesorten den lokalen landwirtschaftlichen und klimatischen Gegebenheiten entsprachen, wurden sie schnell von den Bauern angenommen. Wo dies zunächst nicht der Fall war, wandten sich die Bauern nach ersten Versuchen schnell wieder den traditionellen Sorten zu. Die Produktion stagnierte und die Folgen waren entsprechend: Ohne neue Sorten führte das typischerweise hohe Bevölkerungswachstum der Entwicklungsländer zu Lohnverfall und mehr Armut in den betroffenen ländlichen Regionen. Von dieser negativen Entwicklung profitierten lediglich die Boden-

Der Verbesserung der Produktivität der Kleinbauern kommt eine zentrale Rolle zu, weil sie überall auf der Welt das Rückgrat der ländlichen Bevölkerung sind

eigentümer, weil Land knapper wurde und gleichzeitig Arbeitskräfte reichlich verfügbar waren. In Regionen, in denen die neuen Sorten sich als erfolgreich erwiesen, war das Gegenteil der Fall: Produktion und Beschäftigung stiegen an – eben-

Von der Sichel zur Doppelhelix

Durch technische Innovation konnte die Menschheit immer wieder Hungerkrisen überwinden und die wachsende Zahl der Erdenbürger ernähren.

12000	v.Z. Domestizierung von Tieren
8000	Ackerbau

Weltbevölkerung: 5 000 000

6000	Sichel
5000	Bewässerung
3500	Wagen mit Rädern
3100	Einfacher Pflug
2000	Domestizierung des Pferdes
85	Wasserrad

Weltbevölkerung: 300 000 000

600 n.Z.	Pflugschar
874	Kummet (verstärkte die Zugkraft der Pferde)
1180	Windmühle
1682	Entdeckung der Pflanzensexualität
1763	Künstliche Bestäubung
1793	Baumwollentkörnungsmaschine
1828	Künstlicher Harnstoff (Düngung)

Weltbevölkerung: 1 290 000 000

1834	Mechanische Erntemaschine
1840	Düngung mit Guano (Seevogelkot)
1865	Entdeckung der Pflanzengenetik
1871	Systematische Pflanzenkreuzung
1886	Entdeckung der Stickstoffbindung bei Leguminosen
1897	Dieselmotor
1902	Tiergenetik
1909	Entdeckung der Gene
1909	Haber-Bosch-Verfahren zur Herstellung von synthetischem Stickstoffdünger

Weltbevölkerung: 1 700 000 000

1939	Einsatz von DDT gegen schädliche Insekten
1944	Entdeckung der DNA als Träger des Erbguts
1953	Entdeckung der Doppelhelix
1973	Grüne Gentechnik

Weltbevölkerung: 4 000 000 000

Weltbevölkerung im Jahr 2010: 6 800 000 000

Quelle: Nach Rolf A. E. Müller (http://www.agric-econ.uni-kiel.de/Abteilungen/II/index.shtml)

so wie die Löhne. Die Einführung produktiver Technologien hat damit der Verelendungstendenz der Kleinbauern und Landlosen entgegengewirkt.

Innovationen fallen nicht vom Himmel

Neue landwirtschaftliche Methoden und Technologien und die damit verbundenen Produktivitätssteigerungen fallen aber nicht vom Himmel wie Manna, sondern sind das Resultat menschlichen Handelns. Eine erfolgreiche Strategie im Kampf gegen den Hunger und den Klimawandel muss auf Innovation und mehr Effizienz setzen. In vielen armen Ländern sind die Bauern von der technischen Entwicklung abgeschnitten, darunter leidet die gesamte Bevölkerung.

Viele der benötigten Techniken sind ja bereits bekannt und werden anderswo in der Welt längst angewandt. Hierzu zählen vor allem modernes Saatgut, Pflanzenschutz und Düngemittel. In vielen Regionen in den Entwicklungsländern kommt es wegen der mangelnden Verfügbarkeit von Mineraldünger zu einer Nährstoffverarmung der Böden. Diese oft irreversiblen Schäden verringern die Fruchtbarkeit dauerhaft. Weltweit geht etwa 40 Prozent des möglichen Ertrags durch Schädlinge und Pflanzenkrankheiten verloren – und das überwiegend in den armen Ländern. Fast die Hälfte davon ließe sich durch geeignete Pflanzenschutzmaßnahmen vermeiden.

Beinahe die Hälfte des möglichen Ertrages der Bauern geht weltweit durch Schädlinge und Pflanzenkrankheiten verloren

Auch das traditionelle Saatgut der Kleinbauern, das züchterisch nicht oder nur wenig bearbeitet worden ist, setzt der Produktivität Grenzen. Sie könnte relativ schnell dadurch gesteigert werden, dass den Bauern – einschließlich der Kleinbauern – endlich Zugang zu diesen bereits existierenden Technologien ermöglicht wird. Dazu gehört auch gute Beratung über den richtigen Einsatz.

In vielen Entwicklungsländern sind auch Verluste nach der Ernte noch hoch, weil es an Infrastruktur für die Lagerung, den Transport und die Verarbeitung von Nahrungsgütern fehlt. Investitionen in diesem Bereich können ebenfalls relativ rasch zu einer verbesserten Versorgungslage führen.

Für eine nachhaltige Steigerung der Produktivität wird es unabdingbar sein, wieder mehr Agrarforschung zu betreiben. Dazu gehört die Erhöhung der Investitionen in die öffentliche Agrarforschung ebenso wie eine Verbesserung der Rahmenbedingungen für die private Forschung. Die Entwicklung von

Innovationen muss ermutigt und nicht behindert werden, wie dies gegenwärtig in Europa der Fall ist.

Wissenschaftliche Analysen haben immer wieder gezeigt, dass Investitionen in die öffentliche und die private Agrarforschung aus Sicht der Gesellschaft außerordentlich profitabel

sind. Für Deutschland haben wir am Beispiel der Pflanzenzüchtungsforschung zeigen können, dass die Verzinsung von Forschungsinvestitionen in diesem Bereich zwischen 15 und 25 Prozent liegt.[1)] Diese großartige Rendite demonstriert, dass die Agrarforschung enormen volkswirtschaftlichen Gewinn produziert. Aufgrund der mangelnden Forschungsinvestitionen wird dieses Potenzial sträflich vernachlässigt.

Die Zukunft hat schon begonnen

Da die natürlichen Ressourcen für die Agrarproduktion begrenzt sind und der Bedarf der Welt rasch wächst, muss die Landwirtschaft der Zukunft eine High-tech-Landwirtschaft

Globale Flächennutzung

- 30 Prozent der Erdoberfläche sind von Land bedeckt (zirka 150 Millionen km^2).
- Auf 10 Prozent der Erdoberfläche herrscht Dauerfrost.
- 40 Prozent der eisfreien Landfläche werden landwirtschaftlich genutzt.
- Ein Drittel davon als Acker und zwei Drittel als Weide.
- Neun Prozent der Landfläche (13 Millionen km^2) stehen unter Naturschutz (ohne Weltpark Antarktis).

Quelle: Life Counts – Eine Globale Bilanz des Lebens (Berlin Verlag 2000)

1) Quelle: von Witzke et al., 2004.

Ausgaben für Lebensmittel in Deutschland

in Prozent des Einkommens

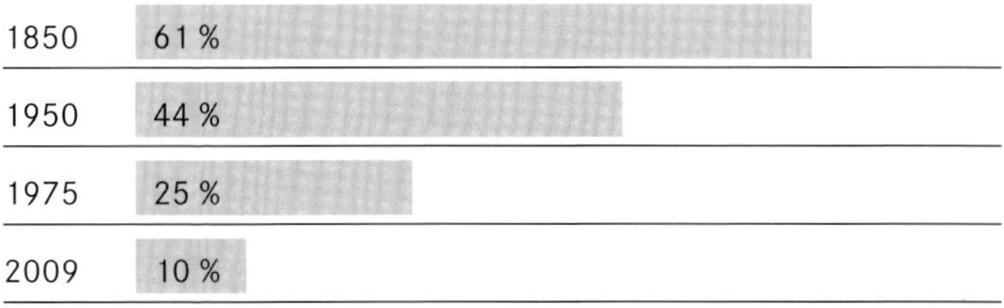

Quelle: Statistisches Bundesamt

sein. Standen der Weltbevölkerung 1950 pro Kopf noch 0,5 Hektar landwirtschaftliche Fläche zur Verfügung, so werden es 2050 voraussichtlich nur noch 0,2 Hektar sein. Es kann also nur eine hochproduktive Weltlandwirtschaft den Hunger in der Welt besiegen, Ressourcen und natürliche Lebensräume bewahren und dem Klimawandel Paroli bieten. Im Englischen spricht man bereits von der »Next Food Revolution«, wenn es darum geht, Nahrungsgüter hoher Qualität für die rasch wachsende Weltbevölkerung bereitzustellen. Eine weiterhin rasant wachsende und wohlhabender werdende Menschheit wird ohne technologische Durchbrüche nicht umweltverträglich produzieren und konsumieren können. Der bei manchen europäischen Konsumenten verbreitete Gedanke, das Heil der Landwirtschaft liege in einem Zurück zu vorindustriellen Produktionsmethoden, erweist sich als romantisches Wunschdenken. Stattdessen braucht die Welt eine dritte Grüne

Revolution. Darin liegt auch eine Chance für die europäische Landwirtschaft. Wenn sie die Herausforderungen rechtzeitig annimmt, kann sie zu einer Schlüsselindustrie des 21. Jahrhunderts werden.

In vielen Ländern hat die Zukunft bereits begonnen. Schon heute fahren Schlepper und Landmaschinen satellitengesteuert über die Felder. Beim so genannten »Precision Farming« bringen sie Dünger und Pflanzenschutzmittel bedarfsgerecht und punktgenau aus. Dies senkt sowohl den Einsatz von Mineraldünger und Pflanzenschutzmitteln und daher die Produktionskosten als auch die Emissionen von Klimagasen. »No-till«-Bodenbearbeitung verzichtet auf das traditionelle Pflügen. Dies spart Kraftstoff und stabilisiert die Bodenstruktur, was die Emission von Klimagasen verringert und der Bodenerosion vorbeugt.

Das Heil der Landwirtschaft liegt nicht in einem Zurück zur vorindustriellen Produktion. Solche Vorstellungen erweisen sich als romantisches Wunschdenken wohl versorgter Städter.

Die Grüne Gentechnik hat begonnen, die Eigenschaften von Nutzpflanzen so präzise zu verändern, wie es mit den herkömmlichen Methoden der Züchtung kaum möglich ist. Heute bereits verfügbare, gentechnisch bearbeitete Nutzpflanzen besitzen eine höhere Widerstandskraft gegen Schadinsekten und vereinfachen damit den Pflanzenschutz. Weitere Neuerungen stehen vor der Einführung, wie etwa Nutzpflanzen, die gesundheitsfördernde Omega-3-Fettsäuren produzieren. Andere werden über eine verbesserte Stickstoffeffizienz verfügen, was den Einsatz des in der Herstellung sehr energieintensiven Stickstoffdüngers und damit die Klimagasemissionen verringert. Intensiv wird an Nutzpflanzen gearbeitet, die widerstandsfähig gegen salzige Böden oder Trockenheit sind, was das Ertragsniveau und die Ertragssicherheit auf vielen marginalen Standorten erhöht.

Eine Emanzipation der Agrarwirtschaft vom Land scheint ebenfalls am Horizont auf. Die »vertikale« Landwirtschaft wird für die Produktion von Nahrungsgütern die dritte Dimension erschließen, eine bodensparende Erzeugung er-

möglichen und damit der zunehmenden Knappheit landwirtschaftlicher Nutzflächen entgegenwirken. Nach den Konzepten werden etwa Nutztiere in klimakontrollierten Hochhäusern gehalten, die auf die Bedürfnisse der Tiere ausgerichtet sind. Neben dem geringen Bodenbedarf besteht der Vorzug

Wasserverbrauch in Europa

in Prozent

Industrie u. Energie	55 %
Öffentl. Wasserversorgung	21 %
Landwirtschaft	24 %

Quelle: Europäische Umweltagentur, 2009

Wasserverbrauch weltweit

in Prozent

Landwirtschaft	70 %
Industrie	20 %
private Haushalte	10 %

Quelle: FAO, 2003

Rund zwei Drittel der gesamten Wasserentnahme entfällt heute auf die Landwirtschaft. Etwa 20 Prozent verbraucht die Industrie, gut zehn Prozent fließen in private Haushalte. Dabei gibt es enorme regionale Unterschiede. In Europa entfällt mehr als die Hälfte der Wasserentnahme auf die Industrie. In Asien und Afrika verbraucht die Landwirtschaft über 85 Prozent.

einer solchen Produktionsweise auch darin, dass die Methanemissionen aus den Exkrementen der Tiere wie aus deren Verdauungsgasen aufgefangen und als erneuerbare Energie verwertet werden können. Dabei wird gleichzeitig stickstoffreicher Wirtschaftsdünger hergestellt, der die Verwendung von synthetischem Dünger verringert.

In der Erzeugung von Nutzpflanzen kann die integrierte Produktion der Vertikalen Landwirtschaft ebenfalls praktiziert werden. Auch hierbei wird in mehreren Stockwerken übereinander unter kontrollierten Bedingungen produziert. Bei vielen Fruchtarten wird nur noch ein Viertel bis ein Sechstel der Freilandflächen benötigt. Bei manchen, etwa bei Erdbeeren, kommt man mit etwas mehr als drei Prozent der Freilandfläche aus. Diese neuen Formen der Landwirtschaft können auch erhebliche Mengen Wasser einsparen, weil sie es möglich machen, das Wasser zu recyceln. Schließlich eignet sich die Vertikale Landwirtschaft besonders, um die Megastädte kostengünstig mit lokal erzeugtem Obst, Gemüse und anderen Nahrungsgütern zu versorgen.

Die Metropolen der Welt verschlingen täglich Hunderttausende von Tonnen Obst, Brot, Gemüse, Milch, Eier und Fleisch. Diese Großversorgung erfordert eine Produktion und eine Logistik im industriellen Maßstab. In den sich entwickelnden Ländern ist diese Herausforderung noch viel größer. Dort zeichnet sich im Zeitraffer eine ähnliche Entwicklung ab, wie sie zuvor Europa und Nordamerika durchlaufen haben. Immer mehr Menschen konzentrieren sich in den Megastädten, ihr Bedürfnis nach hochwertigen Lebensmitteln, besonders auf tierische Produkte, wächst mit dem Einkommen.

Die Agrar- und Ernährungswirtschaft wird in den kommenden Jahrzehnten weltweit große Herausforderungen zu bewältigen haben. Der rasch wachsende Bedarf der Welt an Nahrungsgütern muss befriedigt, durch Hunger ausgelöste gewalttätige Auseinandersetzungen und Migrationsströme vermieden werden. In der Zukunft wird es möglich sein, die Menschheit in hinreichendem Umfang mit qualitativ hochwertigen Nahrungsgütern zu versorgen, ohne die Umwelt und die natürlichen Ressourcen zu zerstören. Eine hoch technologisierte Landwirtschaft ist der Schlüssel dazu.

Humboldt-Forum for Food and Agriculture

Das Humboldt-Forum for Food and Agriculture versteht sich als internationale Plattform und Think Tank, der führende Wissenschaftler und Persönlichkeiten aus Gesellschaft und Industrie zusammenbringt, um über die Zukunft von Welternährung, Landwirtschaft und Nahrungsmitteln zu diskutieren und Empfehlungen für die Politik zu erarbeiten.